ROBERTO DE CARVALHO
INSPIRADO PELO ESPÍRITO FRANCISCO

A SEGUNDA CHANCE

ILUSTRAÇÕES: RAFAEL SANCHES

Quando o vento começou a assoprar bem forte, eu corri pra pegar a pipa que estava enfiada embaixo da minha cama. Era uma pipa azul, de varetas fortes, para aguentar o tranco de qualquer ventania.
Na cidade onde eu morava era assim: passava tanto tempo sem ventar, que a gente até se esquecia de que vento existe. Mas, quando ele cismava de aparecer... Ah, era uma loucura! Até as pipas malfeitas iam parar lá nas alturas!

Eu não tinha irmãos e estava sozinho, porque meu pai se encontrava no trabalho e a minha mãe, que costumava ficar em casa, havia ido visitar uma amiga que estava hospitalizada.

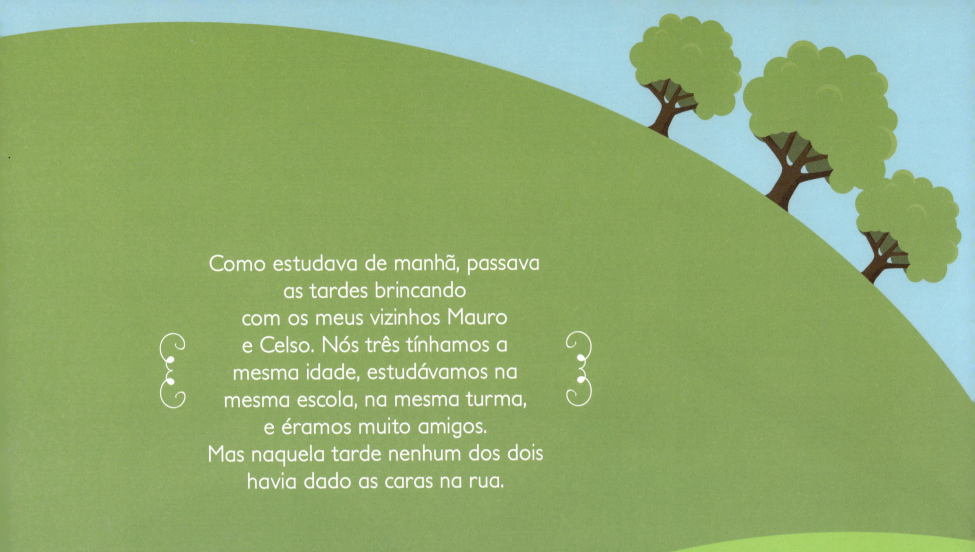

Como estudava de manhã, passava as tardes brincando com os meus vizinhos Mauro e Celso. Nós três tínhamos a mesma idade, estudávamos na mesma escola, na mesma turma, e éramos muito amigos. Mas naquela tarde nenhum dos dois havia dado as caras na rua.

Com minha pipa na mão e um enorme carretel de linha bem grossa, corri à casa do Celso, que ficava mais perto, e comecei a gritar do portão:
— Celso! Celso! Celso!
Foi a irmã dele que saiu à janela e me disse:
— Francisco, o Celso não tá em casa, não. Ele foi ao mercado com a mamãe pra fazer compras.
— Sabe se ele vai demorar? — perguntei meio desanimado.
— Acho que vai demorar, sim. Eles levaram uma lista enorme de coisas pra comprar!

Agradeci pela informação e fui correndo pra casa do Mauro. Cheguei perto do portão e comecei a gritar:
— Mauro! Mauro! Mauro!
A mãe dele me atendeu e falou que o Mauro estava de castigo, porque tinha aprontado.
— Acredita que ele quebrou a minha samambaia com uma bolada? – ela me perguntou.
Tive pena do meu amigo. A mãe dele adorava as plantas que cultivava na varanda e estava mesmo uma fera.
— Ele só vai poder brincar amanhã... Talvez! – ela falou, como quem estivesse ainda enfurecida.

Que decepção!
Fiquei muito triste. Logo no
dia que estava ventando
daquele jeito, os meus dois melhores
amigos não podiam brincar comigo.
O Celso tinha uma pipa vermelha,
bem grande, e o Mauro
tinha uma verde e preta. Havíamos
combinado de empiná-las no campinho,
assim que o vento aparecesse.
O bom de brincar no campinho
era que ele ficava bem longe dos
postes de iluminação. Todo mundo
dizia que soltar pipas perto das
redes elétricas era muito perigoso. Uma
vez, apareceu até um soldado
do Corpo de Bombeiros
lá na escola pra falar sobre isso.

Sentei na calçada e fiquei pensando no que fazer. O campinho era legal, mas ficava longe, e eu nunca tinha ido sozinho àquele lado do bairro. Fiquei com medo de ir lá, porque o lugar era muito deserto, e os meus pais diziam que ali funcionava uma boca de fumo.

Eu não fazia a menor ideia do que era uma boca de fumo, mas, pela cara que os meus pais faziam quando falavam disso, dava pra ver que não era boa coisa. Então eu ficava imaginando um monstro enorme com uma boca bem grande e os dentes estragados por causa do fumo.

Enquanto eu pensava, sentado na calçada, o vento soprava cada vez mais forte, agitando a rabiola comprida, que ficava se enroscando em meus braços. Parecia que a pipa estava mais impaciente pra brincar do que eu.

Então decidi que iria empiná-la ali mesmo, na rua. Era só tomar cuidado pra que a linha não se enrolasse nos fios. Parecia moleza!
Mas não foi, não.

Quando a pipa já estava bem no alto, o vento ficou mais forte e provocou uns movimentos bruscos nela. Eu não consegui evitar que a linha se enrolasse nos fios de alta-tensão com uma velocidade incrível e... ZÁÁÁÁÁÁÁÁÁÁÁÁÁÁÁÁÁÁÁÁÁS!!! Um estrondo, um clarão imenso... Senti um tranco violento no corpo... De repente, tudo tornou-se escuro e silencioso.

Não sei por quanto tempo fiquei apagado. Quando acordei, estava num lugar estranho, embaixo de uma árvore, sentado num gramado seco. Parecia um parque, mas não tinha brinquedos. As árvores estavam todas desfolhadas, a grama e o céu eram cinzentos. Não havia pássaros, nem vento, nem nada. Só silêncio. Quando me lembrei do que havia acontecido, fiquei muito confuso, pensando que tinha morrido. De repente, alguém chegou por trás e colocou a mão em meu ombro. Virei assustado e dei de cara com um garoto magrinho, que parecia ter uns treze anos.

— Olá, Francisco! — ele disse.
Olhei-o curioso.
— Olá! Quem é você?
— Meu nome é Renato.
— Que lugar é este aqui, Renato? Aqui é o céu?
Ele balançou a cabeça em uma negativa.
— Não. Aqui não é o céu.
Levei um susto. Arregalei os olhos e gritei:
— AI, MEU DEUS! Não vai me dizer que aqui é o...
Renato achou graça da minha reação e falou rindo:
— Fique tranquilo, Francisco! Aqui não é o inferno também.
Respirei aliviado.

— Ah, bom! Eu morri?
Ele balançou a cabeça novamente.
— Não. Você não morreu.
— Então, Renato, se aqui não é o céu nem o inferno, e se eu não morri, o que estou fazendo neste lugar? Quero ir pra minha casa...
Renato sentou-se ao meu lado, colocou
o braço em meu ombro e disse:
— Calma! Calma! Tudo vai ficar bem, mas
você precisa ter paciência.
— Tá bom... Só que eu preciso saber o que está acontecendo, cara! — respondi com a voz meio chorosa.

— Bem... Acontece que você achou que podia controlar uma pipa, com vento forte, no meio da fiação elétrica da sua rua. A maior loucura, cara!

— Sim, disso eu me lembro. Mas e
depois? O que aconteceu?
— Não foi uma boa ideia. Você levou um tremendo choque. Seu corpo ficou muito doente e foi levado pro hospital. Agora os médicos estão tentando curá-lo.
— Como assim? Eu posso ver?
— Só se você prometer que não vai ficar nervoso.
— Sim! Eu prometo!
Renato me deu a mão e disse pra eu fechar os olhos. Senti uma leve tontura e, quando os reabri, nós dois estávamos num quarto de hospital. Meus pais estavam sentados num sofá, chorando abraçados.

Assim que os vi, quis correr pra
junto deles, mas Renato me segurou.
— Calma, Francisco! Seus pais não podem ver você aqui, cara!
Eles só conseguem ver o seu corpo, que está lá na cama.
Aproximei-me da cama e vi o meu corpo totalmente imóvel,
com uns aparelhos ligados a ele. Os olhos estavam
fechados e parecia que ele estava morto.
— Seu corpo está em coma — Renato disse.
— Coma? O que é isso?
— Quer dizer que ele está inconsciente e não
responde a nenhum estímulo. É comum acontecer isso
quando a pessoa sofre um acidente muito grave.
Comecei a chorar.
— Como é que eu faço pra voltar pro meu corpo? Me ajuda,
Renato, por favor!
Ele fez uma cara triste, de quem estava
com pena de mim, e falou:
— Não tem jeito não, Francisco! Você vai ter que esperar... Só vai
poder voltar pro seu corpo quando ele estiver curado.
— E se ele não ficar curado?
— Bom... Nesse caso, eu sinto muito...
— Quer dizer que eu não vou mais poder voltar pra ele?
Ele me olhou cheio de piedade.
— Infelizmente, não.
Baixei a cabeça, desconsolado.

— Poxa, Renato, eu não devia ter soltado aquela pipa na rua, não é?
Ele suspirou bem fundo e colocou novamente a mão no meu ombro.
— É verdade. Se você tivesse ouvido os conselhos que recebeu, nada disso estaria acontecendo...
— E agora? O que vai ser de mim?
— Não dá pra saber... — ele segurou minha mão. — Venha, precisamos ir embora.
Voltei a olhar para os meus pais e fiquei com o coração apertado quando vi toda a tristeza que havia no rosto deles. Eles estavam sofrendo muito, e era tudo por minha culpa.

Voltei a fechar os olhos, senti uma leve tontura e, quando os reabri, estava novamente debaixo da árvore desfolhada, ao lado de Renato.
— Quem é você? Um anjo? — perguntei.

Ele me olhou rindo e respondeu:
— Não sou um anjo, não! Quem dera! Sou apenas um garoto que se feriu e não teve o corpo curado. Então as pessoas dizem que eu sou um Espírito *desencarnado*.
— Desencarnado? Que nome estranho... — observei.
— É mesmo. Quer dizer que eu estou sem o corpo de carne. Que estou vivendo em Espírito.
— Ah! E como foi que você se machucou?
— Eu gostava de me pendurar nos caminhões e nos ônibus que passavam na minha rua. Minha mãe cansou de me falar pra não fazer aquilo, mas eu nem ligava. Achava muito divertido e pensava que nada de ruim podia me acontecer. Um dia, eu caí e bati a cabeça no asfalto com muita força... Os médicos não conseguiram curar o meu corpo.

— Poxa! E depois?
— Depois, aconteceu isto. Estou neste lugar há muito tempo e não sei até quando vou ter que ficar aqui.
Senti pena dele.

23

— Você tem saudade da sua mãe?
— Muita! E me arrependo de não ter ouvido o que ela me dizia. Sabe, Francisco, aqui é como se fosse uma escola. Mas é uma escola triste, onde a gente aprende com o arrependimento. Quando dá, eu ajudo os meninos que aparecem por aqui, como estou fazendo agora com você. Mas o legal mesmo é estar ao lado das pessoas que gostam da gente, não é?

Balancei a cabeça, concordando com ele.

Ouvindo a história de Renato, fiquei pensando na tristeza que havia causado aos meus pais e comecei a chorar novamente. A ideia de ficar longe deles, preso naquele lugar, me deixava arrasado.

— Eu quero voltar pra junto dos meus pais, dos meus amigos, da minha escola... — falei, tentando não chorar. Renato apoiou a mão no meu ombro, como se fosse um irmão mais velho, e disse:
— Então, vamos torcer pra que os médicos curem o seu corpo.

Fiquei um longo tempo naquele lugar estranho. Nesse período, eu não senti fome, nem sede, nem vontade de ir ao banheiro. Também não senti frio nem calor. O tempo não mudava nunca e não havia a divisão entre dia e noite. O céu estava sempre nublado, parecendo que ia chover, mas não caía nem uma gotinha de água.

Renato não me deixou sozinho em nenhum momento. Quando eu ficava muito triste, ele contava histórias pra me distrair e às vezes até me fazia rir.

Um dia, ouvi umas vozes e perguntei o que era aquilo.

— Preste atenção — disse ele. — Veja se reconhece de quem são essas vozes.

Fechei os olhos e fiquei escutando com atenção. Então reconheci as vozes dos meus pais, dos meus amigos e de muitos parentes. Estavam rezando pra que o meu corpo sarasse. Fiquei muito emocionado, e Renato falou pra rezarmos junto com eles, pedindo a Deus que me desse uma nova oportunidade.

— Prometo que, se tiver uma segunda chance, nunca mais vou desobedecer aos meus pais — disse no meio da prece, com o coração apertado pela saudade.

Passado algum tempo, fui sentindo um sono muito forte e, antes de apagar, vi que Renato me olhava com um ar de alegria. Acho que ele já sabia o que estava acontecendo, mas não me contou nada.

Quando acordei, a primeira coisa que vi foi o rosto da minha mãe. Só então percebi que estava de volta ao meu corpo, na cama do hospital.

Mamãe começou a gritar quando me viu abrir os olhos:

— Ele acordou! Nosso filho está curado!

Meu pai, que estava cochilando no sofá, deu um pulo e abraçou mamãe. Os dois começaram a chorar e a rir ao mesmo tempo. Uma enfermeira, ouvindo os gritos dos meus pais, entrou no quarto e foi correndo ver o que era. Quando me viu de olhos abertos, ela deu um sorriso e disse:

– Seja bem-vindo, Francisco! Você praticamente nasceu de novo.

Levei um bom tempo pra entender o que se passava. Fazia quase um mês que eu estava internado, em coma, e as pessoas diziam que a minha cura tinha sido um verdadeiro milagre.

Quando voltei pra casa, fizeram uma grande festa. Tinha uma multidão esperando pra comemorar a minha volta. O Mauro e o Celso também estavam lá, é claro!

Depois das comemorações, todos foram embora, e
eu fui pro meu quarto. Naquela noite, sonhei com Renato.
Ele estava todo sorridente. Disse que
logo, logo ia sair daquele lugar, pois ficara
sabendo que sua irmã havia casado e ia gerar
um corpinho pra ele voltar.
— Daqui a alguns meses eu vou renascer no
plano material — ele contou. — A minha irmã
vai ser minha mãe, e a minha mãe vai ser
minha avó, agora. Não é legal isso?
Eu sorri e confirmei com a cabeça,
olhando a carinha de felicidade de
Renato. Então ele ficou sério e falou:
— Desta vez eu vou cuidar melhor
do meu corpo pra ele não se ferir
novamente. Não vou mais
desobedecer aos meus pais.
Fiquei feliz e dei um abraço nele. Sentia-me
muito agradecido por ele ter cuidado tão
bem de mim, enquanto estive naquele lugar.

27

Depois ele se despediu, dizendo que estava indo se preparar pra sua nova vida, mas, antes, me falou assim:
— Francisco, quando puder, escreva um livrinho contando o que aconteceu com você e comigo. É importante as crianças saberem que precisam cuidar muito bem do próprio corpo, pra que ele não se machuque com gravidade. Você teve muita sorte, mas não é sempre que isso acontece. Faz muito tempo que isto aconteceu, mas nunca me esqueci da promessa que fiz enquanto rezava, pedindo a Deus que me desse uma nova oportunidade.
Passei a cuidar melhor do meu corpo e a prestar mais atenção aos conselhos dos adultos.

Às vezes, fico pensando que qualquer hora dessas vou esbarrar com o meu amigo Renato por aí, em alguma esquina. Pode ser que sim; pode ser que não... Mas isso não tem importância. O que importa é que nos tornamos grandes amigos e agora eu sei que uma boa amizade dura para sempre!

Fim

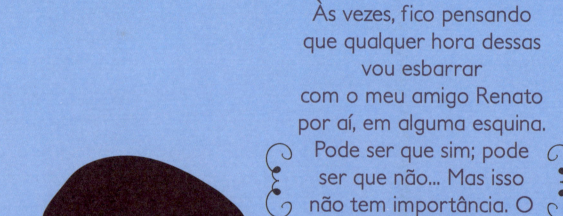